AF501051

JOURNAL ASIATIQUE

OU

RECUEIL DE MÉMOIRES

D'EXTRAITS ET DE NOTICES

RELATIFS À L'HISTOIRE, À LA PHILOSOPHIE, AUX LANGUES ET À LA LITTÉRATURE DES PEUPLES ORIENTAUX

LE DÉFILÉ DE LONG-MEN DANS LA PROVINCE DE HO-NAN

PAR

ÉDOUARD CHAVANNES

(Extrait du numéro de Juillet-Août 1902)

PARIS

IMPRIMERIE NATIONALE

MDCCCCII

LE
DÉFILÉ DE LONG-MEN
DANS
LA PROVINCE DE HO-NAN

LE DÉFILÉ DE LONG-MEN

DANS

LA PROVINCE DE HO-NAN

PAR

ÉDOUARD CHAVANNES

EXTRAIT DU JOURNAL ASIATIQUE

PARIS

IMPRIMERIE NATIONALE

MDCCCCII

LE
DÉFILÉ DE LONG-MEN
DANS
LA PROVINCE DE HO-NAN.

(Extrait du *Journal asiatique*, juillet-août 1902.)

Long-men 龍門 « la Porte du Dragon[1] » est le nom populaire qu'on donne au défilé connu dans la littérature sous le nom de *I-k'iue* 伊闕 « les Piliers du *I* ». Là en effet se dressent, comme les piliers d'une porte, deux montagnes entre lesquelles coule la petite rivière *I* 伊, affluent de la rivière *Lo* 洛, qui elle-même se jette dans le *Hoang ho*. Cette localité se trouve à une trentaine de *li* au sud de la ville préfectorale de *Ho-nan fou* 河南府, dans la province de *Ho-nan*. Elle a été mentionnée par Richt-

[1] *Long-men* est un nom commun à un très grand nombre de défilés; les deux plus célèbres de ces passages sont le *Long-men* de la province de *Chan-si*, et celui de la province de *Ho-nan*. Ils ont été souvent confondus l'un avec l'autre; ainsi les auteurs chinois répètent à satiété l'assertion que *Yu* le Grand perça la trouée de *Long-men* dans le *Ho-nan*, tandis que le tribut de *Yu* parle en réalité du *Long-men* du *Chan-si*. De même les sinologues européens ont souvent dit à tort que l'illustre historien *Se-ma Ts'ien* était né à *Long-men* du *Ho-nan*, alors qu'il vit le jour près de *Long-men* du *Chan-si*. Enfin, c'est à *Long-men* du *Chan-si*, et non (meâ culpâ) à *Long-men* du *Ho-nan*, qu'il faut localiser la tradition populaire suivant laquelle les carpes qui ont pu remonter le Fleuve Jaune jusqu'en ce point se transforment en dragons (Cf. *Journal asiatique*, sept.-oct. 1901, p. 221).

HOFEN (*China*, vol. II, p. 505), qui lui a consacré ces quelques lignes : « La digue rocheuse, dit l'éminent géographe, est rompue par la rivière (la rivière *I*) dans un défilé de 1 kilomètre de longueur, le *Long men* ou « Porte du Dragon ». Les habitants du pays le considèrent comme un des endroits les plus remarquables de la Chine. En effet, les parois rocheuses de la porte que la nature a créée ici à l'entrée de la plaine de *Lo-yang*, une des antiques résidences impériales, ont fourni l'occasion aux souverains d'autrefois, en particulier à des souverains des dynasties *Wei* et *T'ang*, d'assurer par des monuments la perpétuité de leur existence en creusant des temples dans le roc et en faisant des milliers de petites statues de Bouddhas dans des niches du rocher. »

En 1899, M. LEPRINCE-RINGUET, ingénieur des mines, visita ces lieux[1] et fut le premier à y prendre des photographies. Il a bien voulu m'autoriser à les publier, ainsi que l'estampage d'une vue du défilé gravée sur une stèle chinoise. Des trois clichés mis ainsi à ma disposition, deux sont malheureusement brisés (fig. 1 et 2); malgré cet accident, ils m'ont paru cependant présenter assez d'intérêt pour mériter d'être reproduits tels quels; les excellents dessins qui ont paru dans *Le tour du monde*[2], et que la maison Hachette a eu l'obligeance

[1] M. Leprince-Ringuet a publié dans *Le tour du monde*, n[os] des 5, 12, 19, 26 juillet et 2 août 1902, la relation de son « Voyage dans les provinces du nord de la Chine ».

[2] Livraison du 2 août 1902, p. 367.

de mettre à ma disposition, (fig. 3 et 4) suppléent d'ailleurs à l'imperfection de l'image photographique.

Les vues I et II (fig. 1 et 3 et fig. 2 et 4) ont été prises dans la plus grande des excavations. Cette excavation était vraisemblablement, à l'origine, une grotte couverte; mais aujourd'hui elle est à ciel ouvert; dans chacune des trois parois à angle droit qui forment le fond et les deux côtés sont pratiquées des niches dans lesquelles se détachent des statues colossales en haut relief. Le centre de la niche du fond est figuré dans la photographie n° I (fig. 1 et 3); on y voit un Bouddha assis qui mesure de 18 à 20 mètres de hauteur, de la base au sommet de l'auréole; à droite et à gauche sont deux statues de personnages debout; ils ont la tête rasée et le costume des çramaṇas et doivent être les deux disciples favoris du Bouddha; ces deux disciples sont vraisemblablement Ânanda et Kâçyapa[1]. La tête du Bouddha est entourée de deux nimbes; dans le premier, de forme ronde, on distingue reproduits sept fois en petites proportions, le Bouddha assis et ses deux acolytes debout; le second nimbe, extérieur au premier, est formé de flammes et présente aussi en son milieu le Bouddha et ses deux assistants; enfin une auréole passe derrière le second nimbe et redescend des deux côtés de la statue jusqu'au soubassement.

Aux deux extrémités de la niche du fond sont deux personnages debout. La photographie n° II (fig. 2 et 4)

[1] Cf. A. Foucher, *Étude sur l'iconographie bouddhique de l'Inde*, p. 159.

qui fait suite à la photographie n° I et se place à sa droite, représente, dans la partie qui est obscure, une de ces statues; le bras droit est disposé dans l'attitude de l'argumentation (vitarkamudrâ)[1]; cette image est celle d'un Bodhisattva, comme on le reconnaît à son costume; elle porte en effet sur les épaules l'écharpe appelée *uttarîya* et le corps est revêtu de la *dhoṭî*, sorte de jupon ou de pagne; elle est couverte de joyaux et la tête est surmontée d'un diadème [2]. Il est évident qu'elle devait avoir pour pendant à l'autre extrémité de la niche, la statue d'un autre Bodhisattva. Ainsi la niche du fond était occupée par le Bouddha ayant à ses côtés deux Arhats et deux Bodhisattvas.

La niche de la paroi qui est à droite pour le spectateur faisant face au Bouddha, est figurée dans la photographie n° II (fig. 2 et 4); elle est remplie par deux des quatre devarâjas ou lokapâlas; le premier tient en main le caitya qui est l'emblême de Virûpākṣa, gardien de l'ouest, tandis que le second portait selon toute vraisemblance une épée et doit être Virûḍhaka, gardien du sud. A droite et à gauche des deux lokapâlas, des niches de moindres dimensions abritent de nombreuses statues un peu plus grandes qu'un homme.

L'extrémité de gauche de la niche du fond, avec la statue d'un Bodhisattva, et la niche de la paroi de gauche avec les lokapâlas Dhṛitarâṣṭra, gardien de

[1] Cf. A. Foucher, *op. cit.*, p. 68.

[2] Cf. A. Foucher, *op. cit.*, p. 71-72.

l'orient, et Vaiçramaṇa, gardien du nord, n'ont pas été photographiées par M. Leprince-Ringuet.

Dans les deux photographies que nous avons, on remarque des trous rectangulaires dans le roc qui paraissent avoir servi de mortaises pour recevoir des tenons; peut-être les pièces de bois qu'on y enfonçait servaient-elles à supporter des sortes de dais ou de baldaquins.

La photographie III (fig. 5) est une vue générale du défilé prise du seuil de la grande excavation. On peut la comparer à l'estampage chinois (fig. 6) qui figure le site considéré dans le sens opposé. La montagne occidentale où se trouvent les grottes principales est à droite sur l'estampage, tandis qu'elle est à gauche sur la photographie.

Si nous cherchons à déterminer l'âge des excavations et des hauts reliefs de *Long-men*, nous relevons d'abord dans le *Wei chou* 魏書 (chap. cxiv, p. 8 v°) le texte suivant : « Au début de la période *king-ming* (500-503), *Che-tsong* ordonna par décret au *ta-tch'ang-ts'ieou-k'ing Pe Tcheng* de prendre pour modèles les grottes dans le roc du temple *Ling-yen* dans la capitale à *Tai*, et de faire, au sud de la rivière *Lo*, dans la montagne *I-k'iue*, deux grottes dans le roc en l'honneur de *Kao-tsou* et de l'impératrice douairière *Wen-tchao*. Quand on commença à les établir, le sommet où se trouvaient les grottes était à trois cent dix pieds du sol; mais, pendant la deuxième année *tcheng-che* (505), on l'évacua et on perça la montagne à une hauteur de vingt-trois *tchang* (deux cent trente pieds); puis le *ta-tch'ang-ts'ieou-k'ing Wang Tche* fit observer que, si on perçait la montagne trop haut, on perdrait sa peine et qu'il était difficile de réussir; il proposa donc qu'on se transportât plus bas, dans le voisinage de la plaine; les grottes furent faites à cent pieds au-dessus du sol; elles eurent cent quarante pieds du nord au sud. Pendant la période *yong-p'ing* (508-511), le *tchong-yn Lieou T'eng* proposa qu'on fît encore une autre grotte dans le roc en l'honneur de *Che-tsong;* les grottes furent donc en tout au nombre de trois. Depuis la première année *king-ming* (500) jusqu'au sixième mois exclusivement de la quatrième année de la période *tcheng-koang* (523), on employa à ce travail 802,366 journées d'ouvriers (?) »

景明初世宗詔大長秋卿白整準代京靈巖寺石窟於洛南伊闕山爲高祖文昭皇太后營石窟二所。初建之始窟頂去地三百一十尺。至正始二年中始出斬山二十三丈。至大長秋卿王質謂斬山太高費功難就。奏求下移就平。去地一百尺。南北一百四十尺。永平中中尹劉騰奏爲世宗復造石窟一。凡爲三所。從景明元年至正光四年六月巳前用功八十萬二千三百六十六。

Ce texte demande quelques explications. La dynastie des *Wei* du nord était issue d'un peuple de race *Sien-pi* 鮮卑 que nous trouvons, dès l'année 313, occupant la ville de *P'ing-tch'eng* 平城 (à cinq *li* à l'est de *Ta-t'ong fou* 大同府 dans le nord de la province de *Chan-si* 山西) et celle de *Cheng-lo* 盛樂 (au nord-ouest de *Ta-t'ong fou*[1]); le chef de ce peuple portait alors le titre de « duc de *Tai* » 代公 qui lui avait été conféré en 310 par l'empereur *Hoai ti*, de la dynastie *Tsin*[2]; *Tai* désignait en effet la région de *Ta-t'ong fou* à l'époque des *Ts'in* et des *Han*. En 386, le prince de *Tai* fixa sa capitale à *Cheng-lo* et se proclama empereur, en donnant à la dynastie nouvelle qu'il fondait le nom de *Wei* 魏; en 398, il se transporta à *P'ing-tch'eng* qui devint ainsi la capitale des *Wei* et le resta pendant près d'un siècle. En 494, l'empereur *Kao-tsou* abandonna *P'ing-tch'eng* et transféra sa résidence à *Lo-yang* 洛陽 (aujourd'hui *Ho-nan fou*), autrefois capitale des *Han* occidentaux. *Kao-tsou* eut pour successeur son fils *Che-tsong* (500-515); ce fut *Che-tsong* qui, dès la première année de son règne, entreprit de faire faire à *Long-men*, en l'honneur de son père défunt *Kao-tsou*, et de sa mère défunte l'impératrice *Kao* dont le nom posthume était *Wen-tchao*[3], deux temples dans le roc sur le modèle de ceux qui existaient à *P'ing-tch'eng*, l'ancienne capitale de la dynastie dans le pays de *Tai*[4]. Entre 508 et 511, on creusa un troisième

[1] *Wei chou*, chap. I, p. 4 v°; — *T'ong kien kang mou*, année 313, à la fin.

[2] *T'ong kien kang mou*, année 310.

[3] La biographie de cette impératrice se trouve dans le chapitre XIII (p. 6 r°) du *Wei chou*.

[4] Ces temples de *P'ing-tch'eng* sont ceux que le *Ta Ts'ing i t'ong tche* (chap. CIX, p. 8 r°) mentionne sous le nom de « temples des grottes dans le roc » 石窟寺; ils étaient situés dans la montagne *Ou-tcheou* 武州. Une géographie locale citée par le *Ta Ts'ing i*

temple dans le roc en l'honneur de *Che-tsong* lui-même qui était le souverain régnant alors.

En 515, *Che-tsong* eut pour successeur son fils *Sou-tsong* 肅宗, qui, né en 510, était âgé de cinq ans à peine quand il monta sur le trône[1]. La régence fut exercée par sa mère, l'impératrice-douairière *Hou* 胡太后, souveraine qui, par son ambition effrénée et son énergie indomptable, peut être comparée à l'impératrice *Lu*[2] 呂太后, de la dynastie *Han*, et à l'impératrice *Ou*[3] 武皇后, de la dynastie *T'ang*. Le nouveau règne fut favorable au développement des temples de *Long-men;* le quatrième mois de l'année 517, le jour *i-mao*, l'impératrice-douairière *Hou* se rendit aux temples des grottes dans le roc à *I-k'iue* 伊闕石窟寺 et revint le même jour dans son palais[4]; de même, en 526, le huitième mois, le jour *ou-yn*, l'empereur *Sou-tsong* visita les temples méridionaux des grottes dans le roc 南石窟寺, et rentra le même jour à la capitale[5].

t'ong tche dit : «Les dix temples des grottes dans le roc sont à trente *li* à l'ouest de la ville préfectorale de *Ta-t'ong;* ils furent établis sous la dynastie des *Yuen Wei;* commencés pendant la période *chen-joei* (414-415), ils furent terminés pendant la période *tcheng-koang* (520-524), et ce travail ne fut donc achevé qu'au bout de cent années.» Les grottes y étaient au nombre de mille et les statues de Bouddhas au nombre de dix mille. — On voit qu'il y aurait lieu de compléter l'étude des monuments de *Long-men* par celle des sculptures de *Ta-t'ong fou*.

[1] Cf. *Wei chou*, chap. IX, p. 1 r°.

[2] Cf. *Se-ma Ts'ien*, trad. franç., t. II, p. 406 et suiv.

[3] Cf. *T'ang chou*, chap. IV.

[4] Cf. *Wei chou*, chap. IX, p. 3 r°.

[5] Cf. *Wei chou*, chap. IX, p. 10 v°.

Dans le vaste recueil épigraphique intitulé *Kin che tsoei pien*, nous trouvons trois inscriptions de *Long-men* qui remontent à l'époque des *Wei;* l'une (chap. XXVII, p. 37 r° et suiv.), datée de l'année 511, est intitulée : « Relation sur la grotte et les statues dans le roc faites par le roi de *Ngan-ting*, préfet de *Hoa-tcheou* » 華州刺史安定王造石窟像記. Le nom personnel de ce roi de *Ngan-ting* était *Sie* 爕; il était fils de *Hiou* 休, qui eut aussi le titre de roi de *Ngan-ting*, et qui reçut le nom posthume de roi *Tsing* 靖王; *Hiou* était lui-même le treizième fils d'un héritier présomptif du trône des *Wei* qui mourut en 451 et qui, bien qu'il n'ait point effectivement régné, fut canonisé sous le nom de « l'empereur *King-mou* » 景穆皇帝. Le roi de *Ngan-ting*, *Sie*, fit à *Long-men* une grotte en l'honneur de sa grand'mère, la reine *Mong* 孟, femme de l'empereur *King-mou*, et aussi en l'honneur de son père défunt, le roi *Tsing*, et de sa mère défunte, la reine *Tsiang* 蔣.

La seconde inscription (chap. XXVIII, p. 9 r° et suiv.) n'est pas datée; mais, d'après les événements qui y sont rappelés, on voit qu'elle dut être érigée sous le règne de l'empereur *Che-tsong* 世宗, dont le nom posthume est *Siuen-ou* 宣武 (500-515); elle rappelle que le général *Yang Ta-yen* 楊大眼, à son retour d'une expédition militaire dans le Sud, passa par *Long-men* et y fit faire une grotte ornée de statues en l'honneur de l'empereur défunt *Hiao-wen* 孝文, dont le nom de temple est *Kao-tsou* 高祖 (471-499).

Enfin, une troisième inscription (chap. XXVIII, p. 11 r° et suiv.), qui paraît être un peu postérieure à la seconde et qui en reproduit d'ailleurs plusieurs termes, commémore les travaux faits dans une grotte par deux personnages appelés *Wei Ling-ts'ang* 魏靈藏 et *Sie Fa-chao* 薛法紹.

Les temples de *Long-men* n'étaient pas d'ailleurs les seuls qui, aux environs de la capitale des *Wei*, fussent creusés dans la montagne. La grande géographie *Ta Ts'ing i t'ong tche* (chap. CLXIII, p. 7 v°) mentionne en effet le temple du Sukhâvatî 淨土寺, qui se trouvait au nord-est de la sous-préfecture de *Kong* 鞏, elle-même au nord-est de *Ho-nan fou;* ce temple était appelé aussi temple de la grotte dans le roc 石窟寺 ou temple du Bouddha de pierre 石佛寺; la grotte et le Bouddha, ce dernier présentant toutes les marques primaires et secondaires 相好 (lakṣanas) du saint, avaient été taillés dans le roc pendant la période *king-ming* (500-503); ils furent souvent célébrés par les littérateurs de l'époque des *T'ang* et des *Song*.

Des textes que nous avons cités précédemment, il résulte que la plupart des sculptures de *Long-men* furent exécutées pendant les premières années du VIe siècle de notre ère; on pourrait donc être tenté d'assigner cette date au Bouddha colossal dont M. LEPRINCE-RINGUET nous a procuré la photographie. Si l'on admettait cette manière de voir, l'influence directe et évidente de l'art hindou qui se manifeste dans cette statue n'aurait rien qui doive nous surprendre; les *Wei*, en effet, avaient renoué les relations avec les pays d'Occident interrompues depuis la fin des *Han;* dès l'année 338, leur empire s'étendait jusqu'au *P'o-lo-na* 破洛那, c'est-à-dire jusqu'au Ferghânah[1]; en 445, le royaume de *Chan-chan* 鄯善, au sud du Lop-nor, s'était soumis à eux et la route du Turkestan avait été rouverte[2]. De nombreuses missions furent alors envoyées en Occident; la plus célèbre est celle de *Song Yun* 宋雲 et *Hoei-cheng* 惠生; chargés par l'impératrice-douairière *Hou* de se rendre dans les pays d'Occident pour y prendre des ouvrages bouddhiques, *Song Yun* et ses compagnons partirent en 519 et revinrent en 522; ils avaient visité l'Oudyâna (vallée du Svât) et le Gandhâra (région de Peshawar); la relation que nous avons de leur voyage présente une haute importance géographique et historique[3]. Il est évident que soit *Song Yun*, soit ceux qui le précédèrent, purent rapporter en Chine des spécimens de l'art du Gandhâra qui servirent de modèles aux sculpteurs et aux peintres.

Cependant, si bon nombre des statues de *Long-*

[1] Cf. *Wei chou*, chap. I, p. 6 r°; — *T'ong kien ts'i lan*, année 338. — Le *T'ang chou* (chap. CCXXI, *b*, p. 3 v°) identifie formellement le *P'o-lo-na* de l'époque des *Wei* avec le Ferghânah.

[2] Cf. *Wei chou*, chap. IV, *b*, p. 3 r°; — *T'ong kien kang mou*, année 445. — Le *Chan-chan* des *Han* était près de Hami, tandis que le *Chan-chan* des *T'ang* était au sud du Lop-nor; il résulte de la relation de *Song Yun* que, sous les *Wei*, on désignait par le nom de *Chan-chan* le même pays que sous les *T'ang*.

[3] Cette relation se trouve dans le chapitre V du *Lo yang kia lan ki* publié en 547. Elle a été traduite par BEAL.

men doivent être attribuées à la dynastie *Wei*, je ne crois pas que ce soit le cas pour celles que nous publions ici, et, à mon avis, il convient de les considérer comme des monuments de l'époque des *T'ang*. En effet, dans le *Ho-nan t'ong tche*[1] 河南通志 (chap. xx, p. 38 r° et v°), le paragraphe, d'ailleurs fort court, relatif à *Long-men*, se termine ainsi : « Dans les parois rocheuses on a creusé des niches de pierre et des Bouddhas de pierre qui, tant grands que petits, se comptent par milliers. Toutes ces sculptures ont été faites à l'époque des *Wei* postérieurs et des *T'ang*. Parmi ces niches, il y en a trois qui sont extrêmement grandes; elles ont été faites sous les *T'ang* par *T'ai*, roi de *Wei*, en l'honneur de l'impératrice *Tchang-suen*. » 壁間鑿石龕石佛大小千數。皆後魏及唐時所鑿。中有極大者三龕。唐魏王泰爲長孫后所造。Ce *T'ai*, roi de *Wei*, nous est bien connu, car nous possédons sa biographie dans le chapitre LXXX du *T'ang chou;* c'est sous sa direction que fut rédigé le vaste traité de géographie intitulé *Kouo ti tche* 括地志 qui, publié en 642[2], est aujourd'hui perdu. *T'ai* était le quatrième fils de l'empereur *T'ai-tsong;* né en 618, il mourut en 652[3]. Il est connu dans l'histoire sous le nom de roi de *P'ou* 濮王, titre qu'il

[1] Publié en 1660. Bibliothèque nationale, nouv. fonds chinois, n° 285.

[2] *T'ong kien kang mou*, année 642, premier mois.

[3] Le *T'ang chou* (chap. III, p. 2 r°) nous donne la date de sa mort, et (chap. LXXX, p. 4 r°) l'âge auquel il mourut, ce qui nous permet de déterminer la date de sa naissance.

reçut en 647, tandis que, de 638 à 645, il avait eu le titre de roi de *Wei* 魏王. Sa mère, l'impératrice *Tchang-suen* 長孫, dont le nom posthume est *Wen-té* 文德, fut aussi la mère de l'empereur *Kao-tsong*, neuvième fils de *T'ai-tsong*; née en 601, elle mourut en 636[1].

C'est en 642 que le roi de *Wei*, *T'ai*, acheva les travaux dont parle le *Ho-nan t'ong tche*. Nous en avons la preuve dans une inscription commémorative dont le texte nous est conservé par le *Kin tche tsoei pien* (chap. XLV, p. 17 et suiv.); cette inscription rupestre avait dix pieds et six pouces de hauteur et six pieds et six pouces de largeur; elle comportait trente-deux lignes de cinquante et un mots chacune; elle fut composée en 642 par *Tch'en Wen-pen* 岑文本 et écrite par *Tch'ou Soei-leang* 褚遂良; elle est intitulée : « Stèle sur les niches bouddhiques de *I-k'iue* » 伊闕佛龕碑, et, comme elle est consacrée à perpétuer le souvenir des trois niches faites par *T'ai*, roi de *Wei*, on la désigne souvent sous le nom de « Relation sur les trois niches » 三龕記. On voit encore aujourd'hui les vestiges de cette inscription au sud de la grotte *Pin-yang* 賓陽洞, qui était celle qu'avait fait aménager *T'ai*, roi de *Wei*.

L'auteur du *Kin che wen tse ki* 金石文字記, *Kou Yen-ou* 顧炎武 (seconde moitié du XVIIe siècle), déclare que la grotte *Pin-yang* 賓陽洞 est la plus grande et que les statues qui s'y trouvent sont les

[1] *T'ang chou*, chap. II, p. 5 r°, et chap. LXXII, p. 2 v°.

plus colossales de toutes celles qui se voient à *Long-men* (*Kin che tsoei pien*, chap. XLV, p. 21 v°). L'épigraphiste *Pi Yuen* 畢沅, qui visita *Long-men* en 1786, nous dit à son tour qu'il alla considérer les trois niches faites par *T'ai*, roi de *Wei*, dans la grotte *Pin-yang* 賓陽洞, et qu'il y admira des statues bouddhiques hautes de cinquante à soixante pieds (*Kin tche tsoei pien*, chap. XLV, p. 22 r°). D'autre part, l'excavation explorée par M. LEPRINCE-RINGUET lui fut indiquée comme la plus belle de l'endroit, et le Bouddha du centre mesure de dix-huit à vingt mètres de hauteur; par conséquent elle n'est autre que la grotte *Pin-yang* et les trois niches du fond et des deux côtés, dans lesquelles se détachent en haut-relief des statues énormes, sont précisément les trois niches faites par *T'ai*, roi de *Wei*. Je daterai donc de l'année 642 les sculptures dont nous donnons ici la reproduction. Il n'est pas sans intérêt pour l'histoire de l'art chinois de déterminer ainsi avec exactitude l'époque à laquelle remontent ces monuments.

Quelques renseignements sur *Long-men* peuvent encore être recueillis dans les sections *Chan tch'oan tien* 山川典 (chap. LII) et *Tche fang tien* 職方典 (chap. CCCCXXVIII-CCCCXLI) du *T'ou chou tsi tch'eng*; mais on n'en doit faire usage qu'avec précaution, car cette immense encyclopédie n'échappe pas aux reproches qu'on adresse avec raison à toutes les publications similaires qui ont vu le jour en Chine; l'absence de sens critique s'y fait trop souvent sentir. C'est ainsi que, d'après cet ouvrage (*Chan tch'oan tien*, chap. LII, *Ki che*, p. 2 r°), le temple *Yong-ning* 永寧 et sa pagode à neuf étages, construits en 516 par l'impératrice-douairière *Hou*, de la dynastie *Wei*, se seraient trouvés à *Long-men;* or il suffit d'ouvrir à la première page le *Lo yang kia lan ki*[1] 洛陽伽藍記 pour constater que ces édifices étaient à l'intérieur de la ville de *Lo-yang* et n'ont rien de commun avec les temples de *Long-men*. D'autre part, la plupart des textes que cette compilation nous fournit sur le célèbre défilé sont des dissertations littéraires qui pèchent par le manque de précision et qui nous laissent dans l'incertitude chaque fois que nous attendrions une indication exacte. Quoi qu'il en soit, voici ce qu'on peut extraire des textes rassemblés dans le *T'ou chou tsi tch'eng :*

Long-men est la localité qui est mentionnée dans le *Tso tchoan*, à la date de la vingt-sixième année du duc *Tchao* (516 avant J.-C.), sous le nom de Barrière de la Porte 闕塞. Elle apparaît dans l'édition du *Choei king* 水經, de *Li Tao-yuen* 酈道元, sous son nom actuel de *I-k'iue* 伊闕. *Li Tao-yuen*, qui mourut en 527 ap. J.-C., parle déjà des niches qui avaient été taillées à *I-kiue*, il nous apprend en outre que, sur la paroi de gauche (orientale) du défilé, on déchiffrait une inscription marquant le point jusqu'où les eaux s'étaient élevées lors d'une crue qui s'était produite la quatrième année *hoang-tch'ou* (223 ap. J.-C.); sur la paroi de droite (occiden-

[1] Écrit en 547 par *Yang Hiuen-tche* 楊衒之.

tale), une autre inscription commémorait les travaux qui furent exécutés la cinquième année *yong-k'ang* (304 ap. J.-C.), par divers fonctionnaires pour améliorer le cours de la rivière *I*[1].

D'après le *Ho-nan fou tche* 河南府志 (cité dans le *Chan-tch'oan tien*, chap. LII), l'impératrice-douairière *Hou*, de la dynastie *Wei*, fit sculpter, dans les parois rocheuses de *Long-men*, des images de bouddhas, les unes grandes, les autres petites, qui sont innombrables; de ces images, les plus considérables sont celles de la grotte *Pin-yang* 賓陽洞. — On voit combien est peu exact ce renseignement qui tendrait à nous faire croire que les hauts reliefs de la grotte *Pin-yang* sont l'œuvre de l'impératrice *Hou*, tandis qu'ils ont été en réalité exécutés par *T'ai*, roi de *Wei*.

A l'époque des *Wei*, les temples de *Long-men* étaient au nombre de huit. Le *Chan tch'oan tien* (chap. LII) en énumère d'abord six qui sont : le *Pao-yng se* 寶應寺, le *Kia-chan se* 嘉善寺, le *T'ien-tchou se* 天竺寺, le *Ts'ien-k'i se* 潛溪寺, le *Fong-sien se* 奉先寺 et le *Koang-hoa se* 廣化寺. Les deux derniers seuls ont été conservés. Le temple *Koang-hoa* est celui où fut enterré le çramaṇa hindou *Ou-wei* 無畏 (Subhakara; cf. BUNIYU NANJIO, *Catalogue*, Appendice II, n° 154); ce religieux qui vint à *Tch'ang-ngan* en 716, mourut en 735[2]. Un jour, dit-on, l'empereur *Hiuen-tsong* (713-755) s'étant

[1] Cf. *Choei king tchou che*, chap. XV, p. 20 v°.

[2] Cf. *Fo tsou t'ong ki*, chap. XXIX, p. 12 r°.

rendu à *Lo-yang* au moment où sévissait une cruelle sécheresse, fit mander *Ou-wei* par l'eunuque *Kao Li-che; Ou-wei* remplit son bol de religieux avec de l'eau qu'il agita au moyen d'un couteau en prononçant plusieurs centaines d'invocations en langue étrangère; au bout de quelque temps, une vapeur blanche, semblable à la fumée d'un brûle-parfums, s'éleva du vase; elle monta droit en l'air et tout aussitôt un violent orage, accompagné d'une pluie abondante, éclata. Au lieu où s'était accompli ce prodige, l'empereur fit élever le temple *Ho-tse* 荷澤寺 qui est au sud du pont *T'ien-tsin* 天津, à cinq *li* au sud de *Lo-yang*[1].

Le *Chan tch'oan tien* mentionne encore, au nombre des temples de *Long-men* élevés sous les *Wei*, le *Hiang chan se* 香山寺, le *Yong-ning se* 永寧寺 et le *Che-k'ou se* 石窟寺. Pour le *Yong-ning se*, l'erreur est évidente, car, ainsi que nous l'avons fait remarquer, ce temple était dans la ville même de *Lo-yang*, et non à *Long-men*. Quant au *Che-k'ou se* ou temple des grottes dans le roc, il ne semble pas que ce soit un temple particulier; ce nom paraît s'appliquer à tous les temples taillés dans le roc, qui se trouvaient à *Long-men*. Reste le *Hiang-chan se* que nous pouvons considérer comme le septième des huit temples de *Long-men*. Il existait encore à l'époque des *T'ang*, et est même déclaré le plus beau de la région par *Pe Kiu-i* 白居易 (772-846) dans

[1] Cf. *Tche fang tien*, chap. CCCCXXXIV, p. 2 v°; — *Ta Ts'ing i t'ong tche*, chap. CLXIII; p. 7, v°.

la dissertation que ce célèbre poète écrivit en 832 pour rappeler les réparations faites au temple[1]. C'est dans ce bâtiment que *Pe Kiu-i* s'était retiré pour se livrer avec huit autres hommes de talent aux délices de la littératnre et de la philosophie; aussi cette illustre compagnie s'était-elle surnommée elle-même les « neuf vieillards du *Hiang-chan* ». *Pe Kiu-i* fut d'ailleurs enterré sur la montagne *Hiang* 香山, qui est la montagne orientale de *Long-men*, et on le désigne souvent en l'appelant *Pe Hiang-chan* 白香山.

Quant au huitième temple de *Long-men*, c'était le *K'ien-yuen se* 乾元寺 qui, placé d'abord tout au sommet de la montagne orientale, fut transporté en l'année 1560 au pied de la hauteur pour être mis à l'abri des maraudeurs.

Sous les *T'ang* on comptait dix temples à *Long-men;* c'étaient sans doute les huit temples qui existaient dès l'époque du *Wei*, et deux autres plus nouveaux dont nous ne savons pas les noms.

Nous terminerons cette notice par la traduction de quelques textes qui complèteront ou confirmeront ce que nous venons de dire.

[1] Le texte de cette dissertation se trouve dans le *Tche fang tien*, chap. CCCCXLI, p. 5, v°-6 r°.

I

Récit d'une excursion à *I-k'iue*, écrit par *Tou Mou* 都穆, à l'époque des *Ming* (1368-1628). — Cité dans le *Chan tch'oan tien*, chap. LII.

I-k'iue 伊闕 est à trente *li* au sud-ouest de *Lo-yang* 洛陽. En l'année *koei-yeou*, le second mois de l'hiver, le vingt-neuvième jour, le docteur *Lou King-fou* 路敬夫 et moi, partîmes ensemble pour une excursion. A cinq *li* en dehors de la ville, nous passons le pont *T'ien-tsin* 天津; les pierres des anciens débris du pont ont été toutes enlevées par ceux qui étaient assez forts pour le faire, et maintenant on les a remplacées par du bois. Deux *li* plus loin, nous arrivons à la chapelle de *Chao-tse*[1] 邵子祠, qui est ce qu'on appelle « la Retraite de la paix et de la joie » 安樂窩; il s'y trouve une statue modelée en argile; après l'avoir saluée avec respect, nous sortons.

Vingt-trois *li* plus loin, nous arrivons à *I-k'iue* 伊闕; cette localité a pris ce nom (les piliers du *I*) parce que deux parois rocheuses abruptes s'y font face, tandis que la rivière *I* coule entre elles; le peuple l'appelle aussi *Long-men* (la Porte du Dragon). On dit que ces deux parois ont été coupées par *Yu* 禹; *Se-ma Wen-kong*[2] 司馬温公 a déjà discuté ce point; il estime que c'est là un effet naturel, et que *Yu* s'est borné à régulariser (le défilé), mais qu'il

[1] Il s'agit de *Chao Yong* 邵雍 (1011-1077), littérateur célèbre de l'époque des *Song*. Cf. Giles, *Biographical Dictionary*, n° 1683.

[2] *Se-ma Koang* 司馬光 (1019-1086).

ne l'a pas percé. *Long-men* 龍 門 est maintenant dans la sous-préfecture de *Hia-tsin*[1] 夏 津, de la province de *Chan-si* 山 西; c'est là que se trouvaient véritablement les traces de *Yu*, et ce n'est donc point ici.

Gravissant la hauteur occidentale, nous montons au temple *Ou-long* 五 龍 寺; puis, longeant le bord escarpé de la montagne, nous entrons dans le temple *Ts'ien-k'i* 潛 溪 寺; ce temple est entièrement fait de grottes dans le roc; en effet, sur toute la montagne, à l'intérieur et à l'extérieur, se trouvent des Bouddhas de pierre qui, grands ou petits, se comptent par milliers et par myriades; on rapporte qu'autrefois, sous la dynastie *Wei*, dont le nom de famille était *T'o-pa* 拓 跋 魏, l'impératrice *Hou* 胡 后, qui était une bouddhiste fervente, ordonna à des artistes de les sculpter.

Après avoir pris le repas de midi avec (*Lou*) *King-fou*, nous sortons du temple et nous nous acheminons vers l'est. Dans les anfractuosités des rochers, il y a parfois des eaux courantes; en particulier un peu au nord sont trois sources qui, pendant les quatre saisons de l'année, sont constamment chaudes; on les appelle les sources chaudes 温 泉.

Deux *li* plus loin, nous traversons la rivière *I* 伊 水; tournant vers le sud-est, nous arrivons au bout d'un demi-*li* à la montagne orientale; un grand rocher

[1] Il y a ici une faute d'impression, car *Hia-tsin* est une sous-préfecture du *Chan-tong*. *Long-men* du *Chan-si* est à 25 *li* au nord-ouest de la sous-préfecture de *Ho-tsin* 河 津, préfecture de *P'ing-yang*, province de *Chan-si*, et à 80 *li* au nord-est de la sous-préfecture de *Han-tch'eng* 韓 城, préfecture de *Si-ngan*, province de *Chàn-si*.

brisé par le milieu est, nous dit un vieux religieux, ce qu'on appelle la Porte du Dragon 龍門; autrefois il y eut un Dragon qui sortit par là; les marques des écailles et de la crinière sont visibles sur la pierre. On voit ainsi que ce qu'on dit communément paraît erroné; en effet, les visiteurs s'arrêtent toujours à la montagne occidentale, et personne ne leur indique la montagne orientale, aussi ne voient-ils jamais cet endroit; bien que (*Se-ma*) *Wen-kong* dans sa dissertation se borne à dire que (le défilé) ne fut pas percé par *Yu*, on comprend en voyant cet endroit (d'où vient le nom de *Long-men*[1]).

Soixante pas plus loin, nous arrivons à une roche surplombante sur le côté de laquelle sont restées les empreintes d'un tigre; on l'appelle la roche support du tigre 虎托石.

Après trente pas encore, nous trouvons la pierre du phénix 鳳凰石; les empreintes, qui sont grandes d'un pied environ, sont faites de cinq griffes et un éperon qui sont profondément enfoncés dans les veines du rocher; ces empreintes et celles du tigre passent pour des prodiges. Elles peuvent sembler une imposture; cependant je considère que, dans les

[1] L'auteur veut dire ceci : le nom de *Long-men* désigne proprement la roche fendue qui se trouve sur la montagne orientale; c'est par erreur que le vulgaire en a fait le nom du défilé lui-même et, par suite, a confondu ce défilé avec le *Long-men* du *Chan-si*. *Se-ma Wen-kong* a montré, dans sa dissertation, que le *Long-men* qui passe pour avoir été percé par *Yu* le Grand, est celui du *Chan-si*, et non celui du *Ho-nan*, mais il n'a pas su d'où venait le nom de *Long-men* attribué au défilé du *Ho-nan*.

représentations qu'on fait actuellement du phénix, (cet oiseau) n'a qu'un éperon et trois griffes; je n'ai jamais entendu dire que ses griffes fussent au nombre de cinq; si vraiment nous avions affaire ici à une imposture, pourquoi n'aurait-on pas imité la forme qui se voit sur les images? Il y a donc quelque raison de croire que (cette empreinte) est véritable.

(*Lou*) *King-fou* me dit : « Dans cette excursion, nous avons appris à connaître la Porte du Dragon, nous avons discuté la question des griffes du phénix; ce sont là des choses que les gens ordinaires n'ont point apprises; je désire que vous rédigiez un récit pour compléter les lacunes de la géographie provinciale. » J'écrivis donc cela.

II

Parmi les nombreuses poésies qui furent composées sur *Long-men*, j'en choisis une qui est l'œuvre du poète *Tou Fou* 杜甫 (708-766)[1]; elle est citée dans le *Chan tch'ouan tien* (chap. LII) :

PROMENADE AU TEMPLE *FONG-SIEN* À *LONG-MEN*.
遊龍門奉先寺.

Après m'être promené aux environs du temple,
Je suis revenu passer la nuit dans son enceinte.

[1] La biographie de *Tou Fou* (*Kieou T'ang chou*, chap. CXC, 3ᵉ partie, et *T'ang chou*, chap. CCI) nous apprend qu'il mourut la deuxième année *yong-t'ai* (766), à l'âge de cinquante-neuf ans. Il était donc né en 708. Il faut rejeter les dates 712-770 indiquées par GILES dans son *Biographical Dictionary*.

La vallée plongée dans l'ombre fait entendre des sons mystérieux;

La forêt baignée par la lune répand une ombre claire.

Les piliers célestes[1] touchent aux constellations;

Tandis que je suis couché au milieu des nuées, mes vêtements sont devenus froids.

Je désire rester éveillé pour entendre la cloche du matin[2]

Qui invite les hommes à se livrer à un profond examen de conscience.

III

NOTICE INSCRITE SUR UNE STÈLE CHINOISE DE L'ANNÉE 1865 REPRÉSENTANT UNE VUE DE *LONG-MEN*.

(L'estampage de cette stèle est reproduit plus loin; voir fig. 6.)

Texte gravé à gauche :

Parmi les huit vues célèbres[3] de *Lo-yang*, *Long-men* est la première. Au nombre des dix temples de *Long-men* est le temple *Ts'ien-k'i* 潛溪 et ce temple *Ts'ien-k'i* est ce qu'on appelle la grotte *Pin-yang* 賓

[1] Les deux montagnes du défilé qui sont comme les piliers d'une porte.

[2] La cloche du temple que les religieux font résonner au point du jour.

[3] Le nombre de huit paysages célèbres 八景 est un nombre consacré; dans chaque province ou dans chaque préfecture on énumère huit vues qui passent pour les plus beaux sites de l'endroit; on a donc les huit vues de *Lo-yang* comme on a les huit vues du *Chàn-si* ou les huit vues de Canton (cf. *China Review*, vol. II, p. 143), etc.

陽洞. Ce qui fait face à la grotte[1], c'est le temple *Hiang-chan* 香山; là se trouve l'ancien endroit où, sous les *T'ang*, *Pe Kiu-i* 白居易 forma l'association des neuf vieillards[2].

Comme les deux montagnes de l'est et de l'ouest se dressent à pic l'une en face de l'autre, on a appelé cet endroit « les piliers du *I* » 伊闕; la rivière *I* coule au milieu; le nom populaire est « la Porte du Dragon » 龍門.

Ce lieu se trouve être exactement le grand chemin formant carrefour pour ceux qui vont et viennent du nord au sud; les voyageurs s'y succèdent sans interruption.

Dans ces montagnes les belles formes des Bouddhas de pierre défient l'énumération. Ce sont toutes des images faites depuis l'époque des *Wei* et des *T'ang*; elles portent des inscriptions avec leurs noms. Tous les hommes de mérite des quatre points cardinaux qui passent par là s'arrêtent sans exception pour prendre connaissance de ce beau site et ne veulent pas s'en aller aussitôt.

Pour moi, emmenant avec moi deux ou trois compagnons, nous nous sommes souvent promenés là ensemble. Après je ne sais combien de ces promenades, j'eus dans mon cœur une pleine connaissance du véritable aspect de ces montagnes. C'est pourquoi j'ai tracé ce dessin pour en conserver en quelque manière l'impression générale. Ce sera une instruc-

[1] Il faut entendre « de l'autre côté de la rivière ».

[2] Cf. p. 150, l. 3-7.

tion pour ceux qui n'ont pas encore visité ces montagnes ; en se mettant en face de ce dessin, ils pourront faire le voyage en restant couchés. En même temps, j'ai rédigé ce récit pour commémorer mon enthousiasme d'un moment.

En ce temps, c'était la quatrième année *t'ong-tche* (1865), dans la seconde décade du mois *kia-p'ing*[1]. Le lettré retiré de *Lo-tch'oan*, *Yu* 余, dont le nom personnel est *Tch'ong-té* 崇 德 a écrit ceci.

A la fin de cette notice on voit un sceau avec les deux mots *Tong-cheng* 東 昇 qui sont l'appellation de *Yu Tch'ong-té*.

Au-dessus du dessin on lit en grosses lettres le titre : « Paysage magnifique de *Long-men* », et, à gauche, la mention : « Dessiné par *Tong-cheng* » (=*Yu Tch'ong-té*).

Puis vient une petite poésie dont voici la traduction :

« La grotte *Pin-yang* à *I-k'iue*, au printemps plusieurs fois j'y suis venu ;

« Les nuages se produisent et les pics sont presque invisibles ; les arbres sont obscurs, et les temples silencieux et sombres ;

« Les Bouddhas de pierre se perpétueront à travers mille âges ; le pont flottant compte cent mesures de huit pieds.

« Dans ce dessin est vraiment représenté le beau paysage ; je ne suis point capable de m'élever à la hauteur de votre ode sublime.

[1] Le douzième mois. Cf. *Se-ma Ts'ien*, trad. franç., t. II, p. 162, n. 3.

« Les vers précédents sont une composition que j'ai faite autrefois pour répondre à une première poésie de maître *P'an Tai-ming* 潘帶銘. »

L'auteur de cette notice signe : « *Tche-choei* 智水, originaire de *Song-lo* 嵩麓. »

C'est ce même nom de *Tche-choei* qu'on retrouve dans les caractères du cachet apposé à la suite de la signature.

Enfin, à gauche du dessin, vers le bas, on lit la mention : « Le religieux *Hai-yu* 海雨 a gravé ceci sur pierre. »

NOTES ADDITIONNELLES.

I. — Nous avons mentionné, dans la note 4 de la page 139, les grottes dans le roc qui sont à 30 *li* à l'ouest de *Ta-t'ong fou*; en outre un passage du *Wei chou* (cité page 137, lignes 19 et suiv.) nous a fourni le nom du temple *Ling-yen* qui se trouvait dans ces grottes. D'après un texte du *K'ai-yuen che kiao lou* (*Trip. Jap.*, vol. XXXVIII, fasc. 4, p. 55 r°), le temple *Ling-yen* 靈巖 fut creusé dans la face nord de la montagne *Ou-tcheou* 武周 par le religieux *T'an-yo* 曇曜 pendant la période *ho-p'ing* (460-465). La plus grande des niches avait plus de 20 *tchang* (= 200 pieds) de hauteur et pouvait contenir plus de 3,000 hommes; sur toutes les faces on avait sculpté des statues admirables; les niches se succédaient sur une longueur de plus de 30 *li*; à l'extrémité orientale était un temple bouddhique desservi par 1,000 personnes. — L'exploration archéologique de ces monuments, dont il doit être resté des vestiges, ne pourrait manquer d'être intéressante.

II. — Pour épuiser l'épigraphie de *Long-men*, il convient encore de citer l'inscription composée pendant la période *k'ai-yuen* (713-741) par *Tchang Kieou ling* 張九齡, et l'inscription écrite en l'année 1011 de la propre main de l'empereur *Tchen-tsong*, de la dynastie *Song* (cf. *Kin che tsoei pien*, chap. LXXXI et chap. CXXIX). Mais ces deux textes sont dépourvus d'intérêt historique.

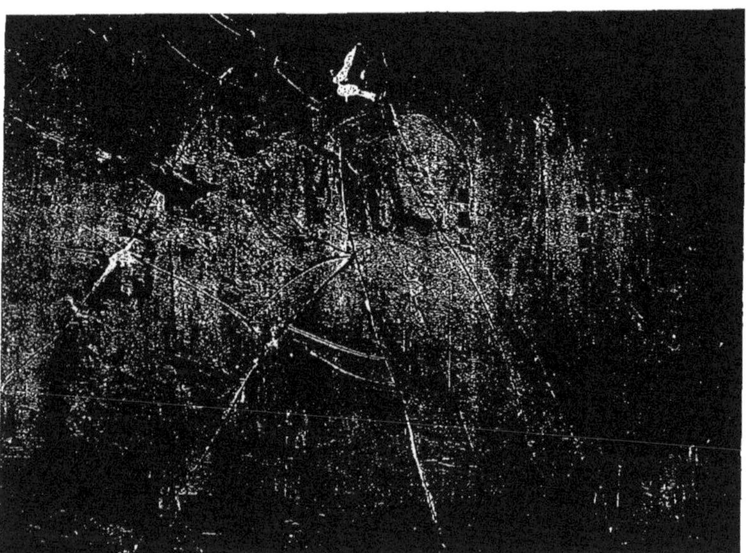

Fig. 1.

Journal asiatique, juillet août 1902.

Fig. 2.

Fig. 3.

Fig. 1.

Fig. 5.

Fig. 5.

Fig. 6.

www.ingramcontent.com/pod-product-compliance
Ingram Content Group UK Ltd.
Pitfield, Milton Keynes, MK11 3LW, UK
UKHW012300240726
13966UKWH00004B/1524

9 782013 634199